Nikolaus Meyer

Girolamo Savonarola

Strenggläubiger Dominikanermönch
Fanatischer Bußprediger
Gescheiterter Kirchenrevolutionär

Impressum

Bibliografische Information der Deutschen Nationalbibliothek:
Die Deutsche Nationalbibliothek verzeichnet diese Publikation in der Deutschen
Nationalbibliografie; detaillierte bibliografische Daten sind im Internet über
http://dnb.dnb.de abrufbar.
© 2021 Nikolaus Meyer
Lektorat: Dr. Klaus Haag
Einbandfoto: Büste des Speyerer Bildhauers Wolf Spitzer
Satz: Wera Veith-Joncic
Herstellung und Verlag: BoD – Books on Demand, Norderstedt
ISBN: 9783754340592

Die Bodenplatte auf der Piazza della Signoria in Florenz erinnert an das Ende der tragischen Figur Savonarola. Bis zu seinem gewaltsamen Tod am 23. Mai 1498 war das Leben des Predigers von dramatischen Höhen und Tiefen geprägt. Vieles davon muss man aus jenem Zeitabschnitt der Geschichte heraus verstehen, der gleichermaßen von tiefer Religiosität und brutaler Gewaltbereitschaft geprägt war. Als Häretiker gebrandmarkt, ist Savonarola nach anfänglichen Erfolgen mit seinen radikalen religiösen Reformen verhängnisvoll gescheitert.

Foto: Nikolaus Meyer

Inschrift: „Qui dove con suoi confratelli Fra Domenico Buonvicini e Fra Silvestro Maruffi il XXIII Maggio del MCCCCXCVIII per iniqua sentenza fu impiccato ed arso Fra Girolamo Savonarola dopo quattro secoli fu collocata questa memoria"

Auf Deutsch: Hier, wo Girolamo Savonarola mit seinen Brüdern Fra Domenico und Fra Silvester am 23. Mai 1498 nach ungerechtem Urteil gehängt und verbrannt wurde, wurde nach vier Jahrhunderten diese Gedenktafel angebracht.

Vorwort

Diese Broschüre über den Bußprediger Girolamo Savonarola bildet nach derzeitigem Sachstand den Auftakt zu einer Reihe über herausragende Persönlichkeiten der Renaissance, wobei stets ein enger Bezug zu Florenz vorausgesetzt wird. Erinnert sei in diesem Zusammenhang an den umstrittenen Bankier und Politiker Lorenzo de' Medici und den genialen Maler, Bildhauer und Baumeister Michelangelo Buonarroti, dem die nächste Ausgabe gewidmet wird.

Was dieses Druckwerk vermutlich von bisherigen Publikationen über historische Ereignisse und Protagonisten jener Zeit unterscheidet, ist die Beschreibung des wechselvollen Lebens in *Prosa und Lyrik* von Savonarola und seinem Wirken. Den vertiefenden Prosatexten schließt sich ein poetischer Streifzug an, der in kurzweiligen Versen die dramatischen Geschehnisse um Savonarola Revue passieren lässt. Mit dieser Kombination sollen Literaturfreunde angesprochen werden, die ein Faible für historische Ereignisse haben und Wert auf eine ungewöhnliche Form der Vermittlung legen.

Wobei die Liebe des Autors zur Toskana im Allgemeinen und dem herausragenden Zeitabschnitt der Renaissance mit ihren prägenden Persönlichkeiten im Besonderen in einem ersten Urlaubsaufenthalt Anfang der 60er Jahre gründet. Wurde die Fahrt mit einem Lloyd Alexander 600 über den Gotthardpass seinerzeit bereits als Abenteuer empfunden, haben erste Eindrücke von Landschaft, Städten und Kunstwerken der mittelitalienischen Region mit ihrer Hauptstadt Florenz einen bis heute nachwirkenden Eindruck hinterlassen.

Literaturstudien, zahlreiche Aufenthalte und eine umfangreiche Notizsammlung vertieften das Wissen über das Kernland der Renaissance und die dort Geschichte schreibenden Protagonisten. Davon legt auch eine 2008 in einer Speyerer Tageszeitung publizierte Sonderseite ein beeindruckendes Zeugnis ab. Unmittelbar nach einem Aufenthalt verfasst, blendet der Autor in seiner überwiegend positiven Berichterstattung die Einflüsse und Folgen eines überbordenden Massentourismus nicht aus.

Dass die Stadt heute als Gesamtkunstwerk empfunden wird, geht maßgeblich auf die Zeit der Renaissance mit prägenden Figuren aus den Bereichen Architektur, Kunst, Literatur, Politik und Wissenschaft zurück. Dazu zählen Dante Alighieri, Giovanni Boccaccio, Filippo Brunelleschi, Michelangelo Buonarotti, Galileo Galilei, Giotto, Lorenzo de' Medici, Leonardo da Vinci und Giorgio Vasari, um nur einige zu nennen.

Speyer, November 2021   Nikolaus Meyer

Statuen prägender Persönlichkeiten vor den Uffizien.
Michelangelo Buonarotti, Galileo Galilei, Dante Alighieri (von links)
Fotos: Nikolaus Meyer

Zum Autor

1942 in Trier an der Mosel mit seiner bedeutenden römischen Vergangenheit geboren, wurde Nikolaus Meyer die Liebe zu geschichtlichen Ereignissen förmlich in die Wiege gelegt. Das historische Interesse des früheren Berufssoldaten, zeitweiligen Galeristen und seit 1993 als freier Journalist tätigen Autors schlägt sich neben zahlreichen Berichten über Kunst und kulturelle Ereignisse auch in seinem 2006 erschienenen Buch „Höhepunkte der Speyerer Stadtgeschichte in Versen, Texten und Bildern" nieder. Inzwischen vergriffen, nimmt das Werk über bedeutsame zeitgeschichtliche Höhen und Tiefen seiner Wahlheimatstadt mit nunmehr zwei UNESCO-Welterbe-Stätten in der deutschen Literatur vermutlich eine Sonderstellung ein. Mit der wissenschaftlich fundierten Kombination aus Prosa und Lyrik hat Meyer seinerzeit für beachtliches Aufsehen gesorgt.

Einführung

Ein Antlitz, das durchaus
als Spiegelbild des apokalyptischen
Gedankengutes interpretiert werden kann.
Foto: Depositphotos.com

Girolamo Savonarola gilt als eine der schillerndsten Persönlichkeiten der Renaissance. Menschen, die ein Faible für diesen Abschnitt der italienischen Geschichte haben, ist der strenggläubige Bußprediger vor allem als unerbittlicher Bekämpfer eines dekadenten Papsttums bekannt. Wie andere charismatische Persönlichkeiten der Zeitgeschichte elektrisierte er über Jahre hinweg die Massen. Von Enthusiasmus zu sprechen, wäre jedoch weit gefehlt. Der eher negativ besetzte Begriff der Hysterie kommt den Tatsachen schon wesentlich näher, denn mit seinen Visionen verbreitete der egozentrische Dominikanermönch oftmals Angst und Schrecken unter der Bevölkerung. Seine scharfen Zurechtweisungen galten in erster Linie den einflussreichen Persönlichkeiten aus Kirche und Gesellschaft, deren Verruchtheit er von der Kanzel herab ohne Unterlass anprangerte. Savonarolas verbale Ausfälle gipfelten in den Vorwürfen, die Erde werde von den Mächtigen als Tummelplatz von Willkür, Genuss- und Lustsucht missbraucht.

Es handelte sich damals tatsächlich um einen Zeitabschnitt, in dem es die Menschen mit der Moral nicht allzu genau nahmen und sexuelle Ausschweifungen sowie unvorstellbare Grausamkeiten an der Tagesordnung waren. Bis ins Mark korrupte Päpste wie die drei unmittelbar aufeinander folgenden „Stellvertreter Christi" Sixtus IV. (1471-1484), Innozenz VIII. (1484-1492) und Alexander VI. (1492-1503) waren in betrügerische, nicht selten tödliche Machenschaften verwickelt. Sie feierten im Vatikan wilde Orgien und zeugten unzählige Kinder. Den rapiden Verfall der Sitten in den Fürstenhäusern und am päpstlichen Hof beanstandete Savonarola mit selbstmörderischer Kühnheit. Unvergessen ist sein im Glauben begründeter Feldzug gegen die autokratischen Medici und den als besonders lasterhaft geltenden Papst Alexander VI.

Das Streben nach einer Wende zum Besseren sowie der Versuch, die Prinzipien des Evangeliums wieder in der Gesellschaft zu verankern, war vom Grundsatz her zweifellos ein löbliches Ansinnen. Demagogisch argumentierend und keinen Widerspruch duldend, wählte Savonarola jedoch die falschen Mittel. Er überspannte den Bogen und machte sich exakt jene Autoritäten aus dem weltlichen und geistlichen Lager zu Gegnern, auf deren Hilfe er angewiesen war, um seine hochgesteckten Ziele zu realisieren. Anders als der deutsche Reformator Martin Luther verstand Savonarola es also nicht, wenigstens einen Teil der einflussreichen Fürsten und Kleriker langfristig für sein Anliegen zu gewinnen. Verhehlt werden sollte jedoch nicht, dass ein solches Unterfangen im damaligen Italien vielleicht noch um einiges schwieriger war als zu Luthers Zeit in Deutschland. Die republikanischen Stadtstaaten, die Herzogtümer, der Vatikanstaat oder das Königreich Neapel im Süden des Landes verfolgten allzu häufig nur eigene Interessen.

Bei den unteren Volksschichten, die ihn zeitweise wie einen Erlöser empfunden haben müssen, stieß Savonarolas Streben nach einer Erneuerung der Gesellschaft jedoch zunächst auf eine positive, von Ehrfurcht geprägte Resonanz. Obwohl die Papstkirche und deren höchste Repräsentanten auf dem Stuhl Petri eine gehörige Portion Mitschuld am Verfall der Sitten hatten und Savonarola die unseligen Vorgänge im Vatikan zu Recht kritisierte, wurden ihm die Macht des Papstes und dessen Ränkespiele schließlich zum Verhängnis. Savonarolas pro-französische Haltung, seine mangelnde Kompromissbereitschaft, die wechselnden politischen Machtverhältnisse in Florenz sowie die Angst des tief im christlichen Glauben verwurzelten Renaissancemenschen vor dem Interdikt des Papstes beschleunigten ab einem bestimmten Zeitpunkt zusätzlich seinen Niedergang.

Der Versuch, in Glaubensangelegenheiten eine radikale, von asketischen Verhaltensweisen geprägte Trendwende herbeizuführen, war endgültig zum Scheitern verurteilt, als ihn Papst Alexander VI. im Mai 1497 exkommunizierte. Von diesem Moment an war das gewaltsame Ende des unbeugsamen Visionärs, der von 1494 bis zu seiner Exekution das politische Geschehen in der Stadt maßgeblich beeinflusste, nur noch eine Frage der Zeit. Am 23. Mai 1498 wurde er mit zwei Leidensgenossen auf der Piazza della Signoria gehängt und anschließend auf dem Scheiterhaufen verbrannt.

Der Mann, der vieles zu Recht kritisiert und bekämpft hatte, der eine in seinem Sinne reine Welt schaffen wollte und nach eigenen Worten nie eine Frau begehrte, war an seinem engstirnigen Sendungsbewusstsein, den gesellschaftlichen Konflikten, dem Egoismus rivalisierender Fürstengeschlechter und einem rücksichtslosen Papst gescheitert. Rückblickend kann man für den im Laufe der Jahre immer heftiger polarisierenden Bußprediger Partei ergreifen oder ihn ablehnen. Aber anders als viele Kleriker seiner Zeit lebte er bis zur Geißelung der eigenen Person dass vor, was er den Menschen seiner Zeit abverlangte.

Prägende Jugendjahre in Ferrara

Die Wurzeln von Girolamo Savonarola finden sich in Ferrara, wo er als drittes von insgesamt sieben Kindern seiner Eltern Niccolò und Elena Savonarola (geb. Bonacossi) am 21. September 1452 geboren wurde.

Die strengen moralischen Prinzipien seines Großvaters Michele Savonarola, der zeitweise die Erziehung des Enkels leitete, hatten vermutlich einen frühen Einfluss auf Girolamos künftiges Handeln, dessen schulische Ausbildung bereits mit sieben Jahren begann. Ab dem 13. Lebensjahr absolvierte er eine umfassende humanistische Ausbildung. Der Jugendliche studierte die großen Autoren der Antike, er lernte die Grundsätze der Rhetorik kennen und verfügte schon bald über eine gute Allgemeinbildung. Als sein Mentor Michele Savonarola starb, entschied Girolamos Vater Niccolò, sein Sohn solle dem Beispiel des Großvaters nacheifern und Medizin studieren.

Dem Wunsch des Vaters folgend, schrieb sich Girolamo an der Universität seiner Geburtsstadt Ferrara ein. Er absolvierte zunächst ein damals übliches Vorstudium in Philosophie und beschäftigte sich in dieser Zeit intensiv mit dem Theologen und Philosophen Thomas von Aquin, dessen Denken ihn wohl noch mehr prägte als die sittenstrenge Erziehung des Großvaters. Um 1472 schloss Girolamo das Grundstudium mit dem Titel eines „magister artium liberalium" ab. Zum Entsetzen der Eltern nahm sein junges Leben drei Jahre später eine dramatische, aber zu diesem Zeitpunkt schon nicht mehr überraschende Wende.

Entscheidung für ein Leben im Glauben

Man schrieb den 24. April 1475. Ferrara feierte das Jahresfest des heiligen Georg, den die Einwohner als Patron der Stadt hoch verehrten. Während die Familienangehörigen den Feierlichkeiten beiwohnten, packte der 22-jährige Girolamo einige Habseligkeiten zusammen und verließ ohne Abschied das Elternhaus. Er ging nach Bologna und trat im dortigen Kloster San Domenico dem Dominikanerorden bei, der sich ganz im Sinne von Thomas von Aquin als konservative Glaubensgemeinschaft gegen die Ketzerei verstand. Der väterliche Traum vom Arztberuf des Sohnes war endgültig geplatzt.

Erinnerung an einen umstrittenen Sohn der Stadt:
Statue Girolamo Savonarola in seiner Geburtsstadt Ferrara.
Foto: Depositphotos.com

Dieser Schritt, der den abrupten Bruch mit der Familie bedeutete und die endgültige Abkehr vom weltlichen Leben besiegelte, war die logische Konsequenz am Ende einer ersten Entwicklungsphase, die bereits von Fasten und intensiven Gebeten bestimmt war und immer klarere

Konturen annahm. Schon zu Beginn der 70er Jahre hatte Savonarola Gedichte verfasst, die *Pierre Antonetti* in seiner Biografie „Savonarola-Ketzer oder Prophet" als Indizien für den tief greifenden Wandel in Girolamos Leben anführt und denen bei der Errichtung von Savonarolas theologischem Weltgebäude fundamentale Bedeutung beizumessen ist.

In diesen Gedichten wird die Welt als chaotisch und sittenlos bezeichnet. „Niemand schäme sich mehr seiner Laster, die Kurie sei mit Schauspielern, Zuhältern und Homosexuellen bevölkert, Diebe und Mörder verkehrten in den höchsten Kreisen", bringt Savonarola seine Abscheu vor der verderbten Welt mit drastischen Worten zum Ausdruck. Auch in einem Brief an seine Eltern, nur einen Tag nach seiner Ankunft im Kloster verfasst, schreibt er von der Bosheit und Treulosigkeit der Menschen, ihrer Hurerei und Habgier, der er mit seinem wohlüberlegten Schritt entflohen sei.

Vom Mönch in Bologna zum Lektor von San Marco

Bevor wir uns den dramatischen Geschehnissen in Savonarolas Florentiner Zeit als Prior von San Marco zuwenden, werfen wir im Zeitraffertempo einen Blick auf seinen weiteren Werdegang. Ein Jahr nach dem Eintritt in das Kloster legte er sein Gelübde ab. In einem dreijährigen Studium – der Konvent von Bologna stand damals im Range einer Universität – vertiefte er seine theologischen Kenntnisse. Noch während der Studienzeit wurde er am 1. Mai 1477 zum Diakon geweiht.

Nach Abschluss des Studiums im Jahre 1479 wechselte er als Novizen-Meister an die Theologische Fakultät der Universität Ferrara. Bei einer Diskussion im April 1482 beeindruckte Savonarola die lombardische Kongregation des Dominikanerordens derart, dass die Kapitelväter ihm das prestigeträchtige Amt des Lektors im Konvent San Marco in Florenz übertrugen. Damit war die unmittelbare Konfrontation mit dem mächtigen Herrschergeschlecht der Medici und anderen einflussreichen Familien der Arno-Metropole programmiert. Hätte die Generalver-

16

sammlung der Kongregation damals auch nur annähernd geahnt, welchen Weg ihr Zögling künftig beschreiten würde, die Personalentscheidung pro Savonarola wäre wohl nie getroffen worden.

Kloster San Marco: Maßgebliche Wirkungsstätte des Bußpredigers. Rechts die 1873 errichtete Statue des italienischen Generals Manfredo Fanti (1806-1865). Sie steht zwar in keinem Zusammenhang mit dem Kloster, aber dass Fanti in den Marken und in Umbrien einmal päpstliche Truppen vernichtend schlug, hätte Savonarola womöglich gefallen.
Foto: Nikolaus Meyer

Fremdkörper unter Schöngeistern

In San Marco zu lehren galt als große Ehre. Seinem Auftrag, die Heilige Schrift zu studieren, sie vorzulesen und in seinen zunächst auf das Kloster beschränkten Predigten auszulegen, drückte Savonarola in den folgenden Jahren einen sehr persönlichen Stempel auf. Während er seine

17

Mitbrüder innerhalb der Klostermauern mit seinen Vorlesungen und einem außerordentlich beispielhaften Verhalten fesselte, blieb ihm der Erfolg bei den ersten öffentlichen Predigten in kleineren Kirchen zunächst versagt. Savonarola war kein guter Redner, blumiges Artikulieren schon gar nicht seine Sache. Er benutzte eine einfache Sprache und verzichtete auf jegliche rhetorische Ausschmückung. Die oftmals abrupt geführten und herrisch anmutenden Gesten, sein fremdartiger Akzent und das als hässlich empfundene Äußere des jungen Predigers stießen bei seinen Zuhörern ebenfalls auf Ablehnung. In der Stadt der Künste, Schöngeister und eleganten Redner führten diese negativen Eigenschaften in der Summe dazu, dass Savonarola auf der Kanzel zunächst als Fremdkörper empfunden wurde. In seiner Zielsetzung ließ er sich jedoch nicht beirren.

Erste traumatische Offenbarungen

Bereits zu diesem Zeitpunkt war er vom Verlangen nach einer radikalen Erneuerung der Kirche geradezu durchdrungen. Ein Anliegen, das sich in den nächsten Jahren sukzessive bis zur Besessenheit steigern sollte. Inzwischen von traumatischen Offenbarungen heimgesucht, wurde seine Gefühlswelt so sehr vom Hass auf die verderbte Welt bestimmt, dass er Jesus zur Rettung der Menschheit anrief. Wie weit sich Girolamo bereits von den vielfältigen Problemen verabschiedet hatte, mit denen die Menschen jener Zeit im Alltag zu kämpfen hatten, belegt ein Brief, den er seiner Mutter am 5. Dezember 1485 schrieb. Das kaltherzige Schreiben, verfasst anlässlich des Todes eines Onkels mütterlicherseits, ließ jegliche Anteilnahme vermissen. Statt Trost für den Verlust eines nahen Angehörigen zu spenden, strotzte es nur so von guten Ratschlägen für ein Verhalten in tiefster christlicher Demut. Sein fanatisches Sendungsbewusstsein hatte endgültig prophetische, wenn nicht gar religiös-paranoide Züge angenommen.

18

Berufung zum Prior von San Marco

Zunächst wurde Florenz jedoch noch eine „Gnadenfrist" gewährt. Um den mittlerweile wegen seiner aufrührerischen Reden als „Störenfried" empfundenen Prediger in der Stadt am Arno aus dem Verkehr zu ziehen, versetzten ihn seine Vorgesetzten zur Jahreswende 1487/88 an die ordenseigene Universität nach Bologna. Zum Studentenmagister (Magister Studiorum) ernannt übte er die Lehrtätigkeit dort ein Jahr lang aus. Anschließend lebte er zwei Jahre im Konvent Santa Maria degli Angeli in Ferrara. Während dieser Zeit predigte er in verschiedenen norditalienischen Städten. Im Frühjahr 1490 beorderte man ihn jedoch den früheren Vorkommnissen zum Trotz zurück nach San Marco, wo er anfangs erneut als Lektor wirkte, bevor man ihn im Juli 1491 zum Prior wählte.

Ein Blick ins Innere mit typischen Zellen offenbart den spartanisch geprägten Alltag im Kloster.
Fotos: Depositphotos.com (links) Nikolaus Meyer (rechts)

In vielen Publikationen ist nachzulesen, Savonarolas Rückkehr nach Florenz sei auf Betreiben von Lorenzo de' Medici geschehen, der damit einem Ratschlag des brillanten und Savonarola nahe stehende Philosophen Giovanni Pico della Mirandola gefolgt sei. Als Begründung wird angeführt, in seinem unmittelbaren Einflussbereich habe Lorenzo eine bessere Kontrolle über den Prediger ausüben können. Der letzte Beweis für diese Annahme konnte aber nicht erbracht werden. Falls die Vermutung jedoch zutrifft, hatte sich der Medici eine Laus in den Pelz gesetzt, die in kürzester Zeit zum religiösen Blutsauger mutierte. Von nun an nahm das Verhängnis unaufhaltsam seinen Lauf.

Klosterflur, Foto: Nikolaus Meyer

Hoffnungsträger der Bedürftigen

Die Predigten im Dom zu Florenz, wo Savonarola seit der Fastenzeit 1491 auf die Kanzel stieg, nahmen – aus der Sicht von Girolamos Tunnelblick durchaus nachvollziehbar – weiter an Schärfe zu. Die zweite Hälfte des 15. Jahrhunderts war bekanntlich eine Zeit, in der Geld und Güter sehr ungleich verteilt waren. Während weniger privilegierte Teile der Bevölkerung am Hungertuch nagten, hatten sich die Medici ein weit verzweigtes Finanzimperium geschaffen, das erst unter Lorenzo de' Medici ins Wanken geriet. Dank ihrer Finanzkraft übten die begüterten Familien großen Einfluss auf das politische Geschehen aus. Von einer unterschwelligen Diktatur des Geldes zu sprechen, entsprach also durchaus den damaligen Gegebenheiten. Verständlich, dass das Echo

Unter der mächtigen Kuppel von Santa Maria del Fiore lauschten manchmal über 10.000 Menschen fasziniert oder erschrocken den Predigten des leidenschaftlichen Visionärs.
Foto: Depositphotos.com

auf die Predigten von Savonarola vor allem bei den Armen und Unterdrückten positiver und der Zulauf aus diesen Kreisen immer größer wurde. Obwohl, oder vielleicht gerade weil er nach einem Ideal der Armut strebte, faszinierte Savonarola die intellektuell einfach strukturierten Massen und wurde so zu ihrem Hoffnungsträger. Seine wachsende Popularität bei den Bedürftigen ist sicherlich auch darauf zurückzuführen, dass er in seinen Predigten die finanziell besser Gestellten aufforderte, Almosen für die Notleitenden zu spenden.

Selbst auf dieser für die Nachwelt in Stein gehauenen Statue im Geburtsort Ferrara kann man die Leidenschaft des Predigers nachempfinden.
Foto: Depositphotos.com

Wachsende Konfliktbereitschaft

Durch den wachsenden Zuspruch in seinem Tun bestärkt, attackierte er unermüdlich die Hartherzigkeit der Reichen und deren Ausschweifungen, die nicht einmal vor Kindern und Jugendlichen beiderlei Geschlechts, Untergebenen und Familienangehörigen Halt machten. Mit seinen verbalen Anfeindungen zog sich der Prior von San Marco zwangsläufig den Zorn der Wohlhabenden zu, für die er inzwischen wieder den Status eines Aufwieglers innehatte. Was sicherlich auch für Lorenzo de' Medici galt, auf dessen Person viele Anschuldigungen zielten. Savonarola ließ sich jedoch selbst von offenen Warnungen und versteckten Drohungen des „Prächtigen" nicht abschrecken. Im Gegenteil, in einer Nachricht an den heimlichen Stadtherrn forderte er „il Magnifico" auf, er solle seine Sünden bereuen, denn Gott wolle ihn und seine Angehörigen strafen. Ein waghalsiger Ratschlag an den einflussreichen politischen Strippenzieher und scheinbar allmächtigen Bankier.

Furchterregende Weissagungen

Ohne Unterlass geißelte Girolamo Savonarola auch die Habsucht des Klerus, wobei seine Predigten ab 1492 apokalyptische Züge annahmen. Von einem pathologischen Hass auf alles Sündhafte getrieben, kritisierte er immer heftiger die fortschreitende Verkümmerung des christlichen Glaubens. Er geißelte den moralischen Verfall von Kirche und Gesellschaft, sah überall nur noch Verderbtheit und kündigte das Ende der Welt durch Gottes Zorn an, falls der Mensch nicht umgehend zu den Grundwerten des christlichen Glaubens zurückkehre. Grundwerte, die nach den Vorstellungen Savonarolas jedoch außerhalb der üblichen Normen anzusiedeln waren. Sein Verlangen, das dekadente Christentum zu reformieren und die Herrschaft Gottes auf Erden sicherzustellen, hatte den Boden der Realität längst verlassen. Auf der Grundlage der Apokalypse kündigte er wiederholt einen aufkommenden Sturm an. Sich weiter steigernd, prognostizierte er gar das nahende Ende der Welt. Auch seine furchterregenden Weissagungen („die Plagen haben bereits begonnen"), die er den angstvoll lauschenden Gläubigen von der Kanzel herab entgegenschleuderte, verfehlten ihre Wirkung nicht.

Tod und Naturkatastrophe als Strafen Gottes

Savonarola hatte bereits mehrmals den dramatischen Untergang der Stadt prophezeit, als sich in der Nacht vom 5. auf 6. April 1492 ein schweres Gewitter über Florenz entlud. Durch Blitzeinschlag geriet die großartige Domkuppel von Santa Maria del Fiore in Brand und wurde schwer beschädigt. Zeitzeuge *Luca Landucci* hielt in seinem Tagebuch fest, dass viele hundert Menschen durch herabfallende Marmorbrocken zu Tode gekommen wären, hätte sich das Unglück während eines Gottesdienstes ereignet. Mit dem Tod des schwerkranken Lorenzo de' Medici nur zwei Tage nach der Naturkatastrophe traf die Stadt ein weiterer Schicksalsschlag. Der Widersacher Savonarolas starb am 8. April in seiner Villa in Careggi an der Gicht, dem Familienleiden der Medici, das bereits Lorenzos Vater Piero und seinem Großvater Cosimo zum Verhängnis wurde. Um das letzte Zusammentreffen des Sterbenden mit Savonarola ranken sich verschiedene Legenden. So wird auch berichtet, der Prediger hätte dem Prächtigen die Absolution und letzte Ölung verweigert, was bei aller Gegensätzlichkeit der Charaktere und Weltansichten jedoch ein ungeheurer Affront gegenüber dem Leidenden, seinen Angehörigen und der Öffentlichkeit gewesen wäre.

Am glaubwürdigsten scheint noch die Version des am Sterbebett weilenden Zeitzeugen *Angelo Poliziano* zu sein, nach dessen Bericht Lorenzo im Angesicht des nahenden Todes den Prediger um seinen Segen bat, der ihm von Fra Girolamo auch gewährt wurde.

Unabhängig von dieser versöhnlichen Geste und ganz im Sinne Savonarolas haben die Einwohner von Florenz nicht nur die Beschädigung des Domes, sondern auch den Tod Lorenzos als Strafgericht Gottes empfunden. Schließlich hatte der strenggläubige Prediger noch zu Lebzeiten des Verstorbenen den Vorwurf erhoben, Lorenzo de' Medici habe die Stadt am Arno in ein einziges Bordell voll überbordender Lebensfreude verwandelt und er werde vor dem Richterstuhl des Herrn Zeugnis darüber ablegen müssen. Nun war es also soweit. Ob der Tod der schillerndsten Figur des berühmt-berüchtigten Familienclans den Aufstieg Savonarolas beschleunigte, kann aber nur vermutet werden.

In dieser Hinsicht hatte eine weitere Prophezeiung Girolamos vermutlich konkretere Auswirkungen. Er sagte den baldigen Tod des amtierenden Papstes Innozenz VIII. voraus und als dieser nur drei Monate nach der Ankündigung am 25. Juli 1492 starb, deutete die Öffentlichkeit dies als erneuten Beweis für die Richtigkeit von Savonarolas Vorhersagen. Sein Einfluss wuchs nun auch bei den Gebildeten und die in der Stadt um sich greifende Furcht vor Teufel und Dämonen erwies sich als fruchtbarer Nährboden für die geschickt gestreute Saat des selbsternannten Propheten, dessen visionäre Predigten nach Lorenzos Tod an Schärfe zunahmen.

Das Schwert des Glaubens: Die französische Invasion

Treten wir nun in einen ganz entscheidenden Zeitabschnitt ein, in dem der religiöse Erneuerer mit Erfolg die Loslösung der Dominikanerkonvente von Florenz und Fiesolo von der lombardischen Kongregation betrieb, Frankreich nach dem Tod von Ferdinand I. von Neapel im Januar 1494 Ansprüche auf das Königreich im Süden der italienischen Halbinsel geltend machte und der den Franzosen freundlich gesinnte Savonarola eine sich am Horizont abzeichnende Sintflut von feindlichen Soldaten und Fürsten ankündigte. Mit dem Einfall eines 40000 Mann starken und alles überrennenden französischen Invasionsheeres unter König Karl VIII. ging im September 1494 tatsächlich eine weitere Weissagung in Erfüllung. 40000 Bewaffnete waren für damalige Verhältnisse eine gewaltige Streitmacht. Der Prediger sah sich in seiner Vorhersage bestätigt und rief den letzten Zweiflern triumphierend zu, das Schwert sei gekommen.

Die Vertreibung der Medici

Auf ihrem Weg gen Süden nahmen die Invasoren im November 1494 kampflos Florenz ein. Neben Karl VIII. prägten Girolamo Savonarola und Piero de' Medici (1472-1503) das Geschehen. Im Kreuzfeuer vielfältiger Kritik stand in jenen Tagen vor allem der als arrogant und hitzköpfig geltende Piero, Sohn und Nachfolger von Lorenzo dem Prächtigen. Seine staatsmännischen Qualitäten reichten bei weitem nicht an die herausragenden Eigenschaften des populären Vaters heran und bei den meisten Florentinern stand er im Ruf, unfähig zu sein. Erschwerend kam hinzu, dass er die von Lorenzo so sorgsam gepflegten Beziehungen vernachlässigte und das enorme Familienvermögen in der Zeit von il Magnifico erheblich geschrumpft war. Nach dem Einfall der Franzosen in Italien strebte Piero zur Festigung der eigenen Position zwar eine friedliche Lösung für Florenz an, aber ein mit dem König an der Grenze der Toskana eigenmächtig ausgehandeltes Übereinkommen mündete im persönlichen Desaster. Ohne Auftrag der Florentiner Stadtregierung und ohne die Meinung seiner Ratgeber einzuholen, unterzeichnete er Ende Oktober 1494 einen Vertrag, in dem er dem König für die Dauer seines Feldzuges mehrere unter Florentiner Herrschaft stehende toskanische Festungsorte auslieferte, darunter die Häfen Pisa und Livorno. Angeblich soll er dem Regenten zur Finanzierung des Feldzuges auch noch zweihunderttausend Dukaten versprochen haben. Mit seiner überraschenden und für die Signoria brüskierenden Maßnahme hatte sich der ohnehin umstrittene Medici endgültig den Volkszorn der Massen zugezogen und die Stadtregierung gegen sich aufgebracht. Derart ins Abseits manövriert, mussten Piero und weitere Familienangehörige bereits am 9. November, also gut eine Woche vor dem Einmarsch der Franzosen in Florenz, vor den aufgebrachten Bürgern die Flucht ergreifen. Sie brachten sich in Bologna und Venedig in Sicherheit.

Wie sehr Pieros anmaßendes und zudem ungeschicktes Handeln das Fass zum Überlaufen gebracht hatte und wie tiefgreifend die Stimmung in der Stadt am Arno gegenüber dem einst übermächtigen Familienclan umgeschlagen war, unterstreicht die Vorgehensweise der Signoria unmittelbar nach der Flucht. Piero de' Medici wurde verbannt, auf die Ermordung von ihm und seinen Brüdern Guiliano und Giovanni eine hohe

Belohnung ausgesetzt. Der Befehl für das Kopfgeld wurde allerdings bald darauf wieder aufgehoben.

König Karl VIII: Gesandter Gottes oder ungeliebter Gast

Am Tag von Pieros Flucht traf sich Savonarola in Pisa mit dem König der Franzosen. Er begrüßte diesen als „Gesandten Gottes" und bat ihn, Florenz zu verschonen. Gestatte er seinem Heer Ausschweifungen und Gewalttätigkeiten gegenüber der Stadt und ihrer Bevölkerung, bekomme er den Zorn Gottes zu spüren, mahnte der Prediger, worauf der Regent in den nächsten Tagen mehrfach seine friedliche Absicht gegenüber Florenz beteuerte.

Die misstrauischen Bürger der prächtigen Renaissancestadt machten sich dennoch auf das Schlimmste gefasst. Stets bereit, ihre Freiheit mit Waffengewalt zu verteidigen, ergriffen sie entsprechende Verteidigungsmaßnahmen. Sie errichteten Barrikaden und brachten ihre Töchter in Sicherheit. Nach dem beeindruckenden, aber friedlichen Einmarsch der französischen Truppen am 17. November kam es in den nächsten Tagen – teilweise aus unerklärlichen Gründen – tatsächlich zu einzelnen Scharmützeln zwischen der Bevölkerung und den königlichen Truppen. Das Zusammenleben auf engstem Raum war von gegenseitigem Argwohn geprägt und es bedurfte nur eines geringen Anlasses oder eines in Umlauf gesetzten Gerüchtes, damit die Spannung sich gewaltsam entlud. Savonarola intervenierte wiederum und ermahnte den König, seine Truppen im Zaum zu halten und wie versprochen von Plünderungen abzusehen. Bei einer persönlichen Begegnung mit Karl VIII. im Kloster San Marco zeigte Savonarola keinerlei Anzeichen von Angst oder Ehrfurcht. Selbst der Hinweis des Königs, er führe die mächtigste Armee seit den Römern, beeindruckte den Prediger nicht. „Was ist von den Römern, was von Cäsar geblieben und was wird von dir bleiben?", soll der selbstbewusste Prior dem König despektierlich geantwortet haben.

Trotz der Schlichtungsversuche Savonarolas und den Versprechungen Karls spitzte sich die Lage immer mehr zu. Bei weiteren Krawallen gab es auf französischer Seite Tote und Verletzte. Daraufhin drohte der König, er werde zum Angriff blasen lassen. Wenig beeindruckt antworteten die Florentiner, in diesem Fall würden sie die Sturmglocken läuten. Schließlich billigten beide Seiten ein Abkommen, in dem sich Karl VIII. verpflichtete, die von Piero ausgelieferten Städte zwei Jahre nach Beendigung seines Feldzuges gegen Neapel an Florenz zurückzugeben. Im Gegenzug gewährte die Signoria dem Regenten ein Darlehen in Höhe von 120000 Gulden. Am 28. November verließ das französische Heer die Stadt. Kaum jemand weinte ihm eine Träne nach, denn das Verhalten der Soldaten und ihrer Führer während der kurzen Besatzungszeit war nicht dazu angetan, neue Freunde zu gewinnen. Selbst Savonarola, der aus seiner pro-französischen Haltung nie ein Hehl machte und ihr auch in den nächsten Jahren treu bleiben sollte, nahm den Abzug mit Erleichterung zur Kenntnis. Obwohl vereinzelt Kritik an seiner Haltung gegenüber den Franzosen laut wurde, hatte sich seine Position deutlich gefestigt.

Geistlicher Führer und politischer Ratgeber

Der Prediger nutzte die Gunst der Stunde, um das Feuer des Glaubens weiter zu schüren. Von der Kanzel herab forderte er die Abschaffung aller „Überflüssigkeiten" wie anstößige Kleider, sittenlose Gemälde, unanständige Bücher und Gedichte wider den Glauben. In dieser Predigt zeichnete sich erstmals der „Scheiterhaufen der Eitelkeiten" ab, auf dem im Februar 1497 die von Savonarola gebrandmarkten Gegenstände ein Opfer der Flammen wurden. Vor immer mehr Zuhörern und mit fortschreitender Besessenheit predigte Girolamo von den Sünden Italiens und wetterte unaufhörlich gegen Prunksucht, Bankette jeglicher Art, Konkubinen und Lustknaben. Regelrechte Hasstiraden führte er gegen die tief in der Gesellschaft verankerten homosexuellen Praktiken.

Nacktheit in jeder Form war verpönt, was selbst für wunderbare Kunstwerke galt. Die Marmorplastik „Raub der Sabinerinnen" des Bildhauers Giambologna steht in der Loggia dei Lanzi am Rande der Piazza della Signoria. Sie fiel Savonarola und dem „Scheiterhaufen der Eitelkeiten" nicht zum Opfer, denn der Auftrag zur Herstellung der gut vier Meter hohen und aus einem Marmorblock geschaffenen dreiteiligen Figurenkonstellation wurde erst 1579 an den Künstler vergeben. Da war Savonarola bereits Geschichte.
Foto: Nikolaus Meyer

Nach dem Abzug der Franzosen machten zum wiederholten Male Gerüchte die Runde, Piero de' Medici strebe eine Rückkehr an die Schalthebel der Macht an.

Um das zu verhindern, änderte Florenz seine Verfassung, deren republikanischen Grundzüge in der Vergangenheit von den Mächtigen der Republik nach Belieben manipuliert worden waren und somit viel von ihrem ursprünglichen demokratischen Ansatz verloren hatten. Gleiches sollte nicht wieder passieren. Erneut war es Savonarola, der als Ratgeber entscheidenden Einfluss auf die künftige Staatsform und deren rechtliche Grundlagen nahm. In einer Predigt vom 14. Dezember riet er eindringlich zu einer Verfassung, die niemanden mehr erlauben sollte, sich über andere Bürger zu erheben. Gemeint war damit eine von der Mehrheit der Einwohner repräsentierte demokratische Regierungsform.

Am Ende der Diskussionen über die Vor- und Nachteile von Oligarchie und Republik fiel die Entscheidung zu Gunsten der von Savonarola favorisierten republikanischen Staatsform. Das Kernelement der neuen Verfassung bildete der „Große Rat". Dabei handelte es sich um ein Gremium von tausend Mitgliedern, das mit weit reichenden Kompetenzen ausgestattet wurde und dem Mittelstand die lang ersehnte Möglichkeit der Einflussnahme eröffnete. Zeitzeuge Luca Landucci schreibt in seinen Aufzeichnungen, „alle hätten Gott für diese volkstümliche Regierung und die Befreiung aus der Unterwerfung gedankt – und das alles sei auf Anordnung des Frate (Savonarola) geschehen". Neben seinem Part als geistlicher Führer war Girolamo endgültig in die Rolle des politischen Ratgebers geschlüpft, ohne den in Florenz bald nichts mehr ging.

Wie die Zukunft zeigen sollte, war Savonarolas politische Intervention der gut gemeinte, aber auf Grund menschlicher Unzulänglichkeiten letztendlich gescheiterte Versuch, das demokratische Gemeinwesen Florenz auf eine möglichst breite Basis zu stellen. Mit dem Inkrafttreten der neuen Verfassung hörte das politische Kräftemessen keineswegs auf. Beispielhaft sei hier nur auf die regelmäßig stattfindenden Neuwahlen der Signoria verwiesen, die in einem Rhythmus von zwei Monaten durchgeführt wurden. Viel zu oft gingen mit den personellen Veränderungen wechselnde Macht- und Sympathieverhältnisse einher, die von den persönlichen Interessen der jeweiligen Amtsinhaber oder ihnen nahe stehenden Cliquen bestimmt wurden. Sich zwischen die Fronten zu begeben, war für Savonarola demnach mit erheblichen Risiken verbunden.

Die Inspiration Gottes

Wie sehr dieser bereits in seinem Glauben gefangen war, beweist eine Predigt am 28. Dezember 1494, in der Girolamo vor etwa vierzehntausend männlichen Zuhörern im Dom verkündete, Florenz werde direkt von Gott regiert, der Herr habe Jesus als neuen König eingesetzt und er wirke als dessen Vermittler. Die Menschen sollten auf ihn hören, denn er sei von Gott inspiriert. Seine ihm hörige Anhängerschaft, die sich anfangs überwiegend aus den leichtgläubigen unteren Volksschichten rekrutierte und die in ihm einen von Gott gesandten Propheten sahen, nahmen seine Worte in wohlwollender Demut zur Kenntnis. Zeitzeuge *Landucci* weiß zu berichten, dass Savonarolas Ansehen Mitte des Jahres 1495 in bestimmten Kreisen so hoch war, das viele bereit gewesen seien, für ihn ins Feuer zu gehen. Eine Bereitschaft, die mehr als ein Lippenbekenntnis war, wie sich drei Jahre später im Vorfeld des verhängnisvollen „Gottesurteils" auf der Piazza della Signoria herausstellen sollte.

Der Widerstand formiert sich

Von verschiedenen Seiten formierte sich aber auch Widerstand. Das Sammelbecken der Oppositionellen füllte sich mit den Anhängern einer oligarchischen Regierungsform, den Gegnern des Bündnisses mit dem König von Frankreich, den Franziskanern von Santa Croce und selbst mit den in Santa Maria Novella wirkenden Dominikanern. Vor allem aber mit jenen Opportunisten, denen der unerbittliche Feldzug Savonarolas gegen Sodomie („ausmerzen, steinigen und verbrennen"),

Saufgelage, Spiel- und Prunksucht schon lange ein Dorn im Auge war. Mit den defizitären Finanzen der Stadt konnte Savonarola ebenfalls keine Pluspunkte sammeln, denn der Handel florierte nicht und die Zahlungen an König Karl hatten die finanziellen Ressourcen erschöpft. Konfliktstoff war also reichlich vorhanden.

Skrupelloser Gegner aus Rom

Unbehagen breitete sich auch im nicht allzu fernen Rom aus. Die Savonarola von hier zuteilwerdende Aufmerksamkeit hatte gleich mehrere Gründe. Der Austritt der Dominikanerkonvente von Florenz und Fiesolo aus der lombardischen Kongregation war nur einer davon.

Ein anderer war die Tatsache, dass der Prediger ohne Rücksicht auf die eigene Person die Verwerflichkeit römischer Kleriker geißelte, er verglich die Ewige Stadt mit der „Hure Babylon" und hatte König Karl VIII. vor dessen Abzug aus Florenz aufgefordert, nach Rom zu gehen und den „unheiligen" Nachfolger des 1492 verstorbenen Papstes Innozenz VIII. abzusetzen.

Der Streit zwischen dem nun amtierenden Alexander VI. und Savonarola schwelte schon länger und spitzte sich immer mehr zu. Das ausschweifende Leben des „Stellvertreter Gottes auf Erden" war geradezu eine Herausforderung für einen Mann wie den strenggläubigen Dominikanermönch, der den Borgiapapst nicht für einen Diener der Kirche, sondern für den Handlanger des Teufels hielt. Mit solchen auch öffentlich von der Kanzel geäußerten Vorwürfen entwickelte sich Savonarola für die römische Kurie langsam aber sicher zum Intimfeind Nummer Eins.

Für Girolamo war Karls Feldzug eine willkommene Gelegenheit gewesen, den französischen König für seine gegen Rom gerichteten Interessen zu instrumentalisieren und den Papst in seine Schranken zu weisen. Die Gunst der Stunde zu nutzen war sicherlich in die richtige Richtung gedacht, die Angelegenheit jedoch zu einem erfolgreichen Abschluss zu bringen, schon wesentlich problematischer. Dieser machtbewusste Papst, der bereits vor seiner Ernennung zum Oberhaupt aller katholischen Christen als Rodrigo Borgia und Vater des berühmt-berüchtigten Geschwisterpaares Lucrezia und Cesare Borgia einen unrühmlichen Bekanntheitsgrad hatte, erwies sich als ebenbürtiger Gegner, der unerbittlich seine eigenen Interessen verfolgte und dabei vor keine Schandtat zurückschreckte. Angelehnt an die Modelle weltlicher Herrscherdynastien wollte er das Papstamt für seine Familie erbbar machen, wozu ihm mit Hilfe seines skrupellosen Sohnes Cesare, den er bereits im September 1493 zum Kardinal ernannte, jedes Mittel recht war.

Orgien im Allerheiligsten

Obwohl seine Position durch den Einfall der Franzosen prekär war, erwies er sich – wie schon des Öfteren in seiner Amtszeit – auch bei Savonarolas Versuch der Amtsenthebung als gewiefter Taktiker. Im Januar 1495 befand sich Rom in den Händen der nach Süden strebenden Invasionsarmee. Klug, wie Alexander VI. nun einmal war, hatte er für den König der Franzosen die Türen des Vatikans und die Schlösser seiner gut gefüllten Schatztruhen geöffnet. Auch sonst hielt der Vatikan für die Besatzer manch angenehme Überraschung bereit. Glaubt man den Aufzeichnungen, wurden im Zentrum des Glaubens, unter den Augen und mit Beteiligung des höchsten kirchlichen Würdenträgers, wilde Orgien gefeiert. „Alle taten alles vor den Augen aller" heißt es beispielsweise in einer Chronik. Statt Savonarolas Forderung nachzukommen und den Papst abzusetzen, feierten die Franzosen mit ihm ausschweifende Feste. Der Prediger in Florenz aber hatte sich mit Alexander VI. und seinem vor Mord und Totschlag nicht zurückschreckenden Sohn Cesare unerbittliche Feinde geschaffen. Keine Spur mehr von christlicher Nächstenliebe. Aus den „Brüdern im Glauben" waren endgültig unversöhnliche Gegner geworden. Auf Dauer sollte sich zeigen, dass die Mittel des Papstes wirksamer waren als die des Mönches.

Die Heilige Liga kontra Karl VIII.

Die trügerische Freundschaft des Papstes mit den Franzosen war nicht von langer Dauer. Während Savonarola immer noch an die göttliche Mission Karls glaubte, dachte Alexander VI. bereits über Vergeltungsmaßnahmen gegen den ungeliebten Herrscher und seine Truppen nach. Wie effektiv er seine Gedankengänge in die Praxis umsetzte, sollte sich bald zeigen. Der Inhaber des Stuhles Petri war als treibende Kraft maßgeblich an der Gründung der „Heiligen Liga von Venedig" beteiligt, die Ende März 1495 ins Leben gerufen wurde. Dabei handelte es sich um ein schlagkräftiges Bündnis zur Abwehr der Besatzer und zur Bewahrung der Autorität des Heiligen Stuhls, in dem sich die Republik Venedig, das Herzogtum Mailand unter Ludovico Sforza, Spanien mit König Ferdinand II. von Aragón, König Maximilian I. von Habsburg und der Papst zusammen geschlossen hatten. Dabei vollzogen vor allem die Mailänder eine Kehrtwendung um 180 Grad, hatten sie doch zunächst zur Durchsetzung eigener Interessen im Königreich Neapel mit den Franzosen paktiert und ihnen in Mailand einen triumphalen Empfang bereitet.

Nachdem Karl allen Anfangserfolgen zum Trotz in Neapel gescheitert war und am 20. Mai 1495 mit einem von Krankheit, Auszehrung und Fahnenflucht stark geschwächten Heer verunsichert den Rückzug in die Heimat antrat, kam es am 6. Juli des gleichen Jahres in der Lombardei (Fornuovo am Fluss Taro südöstlich von Parma) zur Entscheidungsschlacht zwischen den Truppen der Liga und dem Heer Karls VIII. Der Ausgang ist umstritten. Doch hatten die Franzosen trotz deutlicher zahlenmäßiger Unterlegenheit die geringeren Verluste. Den königlichen Truppen, die nicht mit letzter Konsequenz verfolgt wurden, gelang praktisch ungehindert der Rückzug über die Alpen. Die Moral der Soldaten war dennoch gebrochen, denn die Artillerie und das auf dem Feldzug zusammengeraubte Beutegut gingen komplett verloren. Karl VIII. und seine Rumpfarmee kehrten im wahrsten Sinne des Wortes mit leeren Händen in die Heimat zurück.

Intoleranz schürt Feuer des Glaubens

In Florenz stand die Signoria weiter loyal zum königstreuen Savonarola. Die Forderung des Papstes, sich von den Parteigängern des Königs loszusagen und der Heiligen Liga beizutreten, lehnten die Mitglieder kategorisch ab. Obwohl von Alexander inzwischen gleichfalls als Bote des Teufels gebrandmarkt, ging Savonarola weiter unbeirrt seinen Weg und das vom Prediger entfachte „Feuer des Glaubens" schien sich tatsächlich zu einem Flächenbrand über ganz Italien auszubreiten. Sein Hass auf alles, was ihm als Sünde und Luxus erschien, hatte ein Ausmaß extremer Intoleranz angenommen. Girolamo geißelte die schändlichen Laster von Sodomie, er beschimpfte Gotteslästerer und Glücksspieler, schmähte schlechte Kleriker als verfluchtes Gesindel und ermahnte die politisch Verantwortlichen, die Schuldigen ohne viel Aufhebens dem Scheiterhaufen zu übereignen, was einer politischen Zensur gleichkam.

Kontroverse mit dem Papst spitzt sich zu

In Rom beobachteten Papst Alexander VI. und die römische Kurie Savonarolas Entwicklung mit zunehmender Sorge. Sie fühlten sich aufs Äußerste herausgefordert und sahen sich schließlich genötigt, konsequenter als bisher gegen den Mann vorzugehen, der ihnen öffentlich die Stirn bot und Gebetsmühlenhaft immer wieder die gleichen Vorwürfe gegen den Klerus erhob. Die mehrmalige Aufforderung des Papstes, sich nach Rom zu begeben und dort Abbitte zu leisten, lehnte Savonarola aus verständlichen Gründen ab. Wäre er den zunächst noch in wohlwollendem Ton abgefassten Anweisungen gefolgt, hätte er trotz der Zusicherung des Papstes auf Unversehrtheit seiner Person vermutlich sein weiteres Dasein in den Verliesen der Engelsburg gefristet. Zudem befürchteten seine Anhänger in Florenz, auf dem Weg nach Rom könne es zu einem tödlichen Attentat kommen.

Der Petersplatz in Rom: Vom Bildhauer und Architekten Gian Lorenzo Bernini Mitte des 17. Jahrhunderts angelegt, flößt allein schon die Größe des Platzes Respekt ein. Respekt und Ängste waren auch Kriterien, die Päpste wie Alexander VI., Stellvertreter Gottes von 1492 bis 1503, zu nutzen wussten. Foto: Depositphotos.com

Im September 1495 erhöhte Alexander VI. den Druck auf die Stadt. In einem Schreiben an die Bevölkerung von Florenz und den Prior des Konvents der Franziskaner in Santa Croce forderte er die Adressaten in bedrohlichem Ton auf, dem Treiben eines „gewissen Girolamo Savonarola" ein Ende zu setzen. Zusätzlich mahnte er die Stadt erneut, das Bündnis mit dem französischen König aufzukündigen. In einem weiteren Schreiben forderte der Papst Savonarola auf, die Lehrtätigkeit in San Marco einzustellen. Außerdem verbot er ihm, weiterhin in der Öffentlichkeit zu predigen. Damit nicht genug, löste der Papst auch noch die vom Prediger geschaffene toskanische Ordenskongregation auf und unterstellte sie erneut der lombardischen Kongregation.

Borgia-Papst Alexander VI.: Machtbesessener Intimfeind und unerbittlicher Gegner des Predigers. So hart wie die Marmorbüste in der Skulpturensammlung des Bode-Museums Berlin ging der Stellvertreter Gottes auf Erden gegen seinen irdischen Gegner vor.
Foto: siehe Fotonachweis

Feldzug gegen Gotteslästerer, Huren und Homosexuelle

Doch selbst die im päpstlichen Erlass (Breve) ausgesprochene Warnung, Ungehorsam werde mit der Exkommunikation bestraft, konnte Savonarola nicht stoppen. Immer noch auf das Vertrauen der Signoria und deren mündlich erteilte Genehmigung zum Predigen gestützt, holte er nach einer kurzen Atempause zu weiteren verbalen Rundumschlägen aus. Aus Florenz hätte er am liebsten ein einziges Kloster gemacht. Zu den Leidtragenden der eigensinnig und radikal verfolgten Zielsetzung gehörten auch die Damen der gehobenen Gesellschaft und natürlich finanziell besser gestellte Bürger.

Die Weiblichkeit wurde aus dem öffentlichen Leben fast völlig verbannt und die Freizügigkeit der oberen Schicht in Modeangelegenheiten als Gotteslästerung gebrandmarkt. Bunte Stoffe und Kleider galten bereits als Ausgeburt der Dekadenz und Gotteslästerung „Wie die Weiber der Muslime" sollten die Schönen von Florenz fortan ihr Gesicht verhüllen.

Auf dem Höhepunkt seines Einflusses versammelten sich täglich etwa 16 000 Menschen im Dom Santa Maria del Fiore, um dort den Worten Savonarolas zu lauschen.

Vom geifernden Prediger bekamen sie zu hören, dass sie Teufelszeug wie dem Spiel, der Mode und der Liebe zu entsagen hätten. Ferner gelte es, Gotteslästerer, Huren und Homosexuelle auszumerzen. Bei Zuwiderhandlungen kündigte Savonarola Höllenqualen und andere schreckliche Strafen an. Nur wer auf ihn höre, könne auf Vergebung im Jenseits rechnen, rief er den mehr verschreckt als andächtig lauschenden Gottesdienstbesuchern zu.

Zu Beginn des Jahres 1496 wurden die Früchte seiner Arbeit mehr und mehr sichtbar. Die wegen ihrer bisherigen Raubeinigkeit gefürchteten Kinder und Jugendlichen von Florenz sammelten nun auf Anregung Savonarolas fleißig Almosen für die Armen. Tief dekolltierte Kleider, extravagante Frisuren und andere „Eitelkeiten" waren aus Angst vor Repressalien der nun auf andere Weise rücksichtslosen Kinder fast gänzlich aus dem Straßenbild verschwunden. Es war zudem eine Phase, in der große Not in Florenz herrschte und die Pest zahlreiche Opfer forderte. Nach *Landucci* starben Kinder und Erwachsene den Hungertod, andere kamen beim Anstehen um einen Laib Brot im großen Gedränge ums Leben. Savonarola aber predigte weiter vom Untergang, redete von Verdammnis und Unheil, ritt immer wieder die gleichen verbalen Attacken gegen Simonie und Sodomie, verwünschte Ausschweifungen und Prunksucht und forderte zum wiederholten Male dazu auf, Gotteslästerer und Sodomiten auszurotten. Mit seiner Mahnung, die Menschen sollten in Erwartung des Tages des Herrn Buße tun, schürte er vor allem bei den ungebildeten Volksschichten das Feuer der Angst.

Gescheiterter Bestechungsversuch

Dass Savonarola nicht zu kaufen war, hätte Papst Alexander VI. eigentlich wissen müssen, als er dem Prediger noch im gleichen Jahr den Kardinalshut anbot. Savonarola lehnte mit dem kompromittierenden Hinweis ab, „der von Cesare Borgia persönlich überbrachte Hut passe ihm nicht, denn er sei voller Blut". Der offensichtliche Bestechungsversuch war gescheitert. Da man im Umfeld Savonarolas den Ruf des Papstes und seines Sohnes Cesare nur allzu gut kannte und Vergeltungsmaßnahmen befürchtete, ließ sich Girolamo von Stund' an von bewaffneten Mönchen schützen.

Kinder als Baumeister einer Stadt Gottes

Auch zu Beginn des Jahres 1497 konnte sich der Prediger auf eine ihm wohlgesinnte Signoria stützen. Sie setzte sich ausschließlich aus Savonarola treu ergebenen Anhängern zusammen und wurde von Francesco Valori geleitet, der ebenfalls zu den Sympathisanten des Predigers zählte. Außerdem hatte Savonarola mit Unterstützung seines Mitbruders Domenico da Pescia inzwischen eine straff organisierte Kader-Armee von Kindern ins Leben gerufen, von denen er bedingungslosen Gehorsam forderte und die in seinem Sinne als eine Art Kinderpolizei in den einzelnen Stadtbezirken wirkten. Bereits beim Karneval 1495 und am Palmsonntag 1496 waren jeweils etwa 5000 bis 6000 Kinder und Jugendliche in einer riesigen Prozession durch die Stadt gezogen. Sie hatten dem Herrn gehuldigt, Almosen gesammelt und gegen Prunk und Spiele gelästert. In der Folgezeit wagte es kaum jemand, sich den Spendenaufrufen der „Engelsscharen" zu widersetzen. So wurde aus der Freiwilligkeit bald Zwang. Wer sich den von Bewaffneten geschützten Kindern in den Weg stellte, musste um sein Leben fürchten. Gesteuert wurden sie von der Zentrale im Kloster San Marco. Vordergründig war die Instrumentalisierung der Kinder „zur Rettung der verderbten Welt" sicherlich ein genialer Schachzug, denn mit ihrer Hilfe nahm die von Savonarola angestrebte Stadt Gottes immer konkretere Formen an.

Scheiterhaufen der Eitelkeiten als Sinnbild der Erneuerung

Es waren auch diese Kinder, die Anfang Februar 1497, meist im weißen Gewand der Unschuld, durch Florenz zogen, Einlass in die Häuser der Reichen begehrten und alles mitnahmen, was in irgendeiner Weise als Symbol der Verkommenheit gedeutet beziehungsweise von Savonarola oder Fra Domenico dafür gehalten wurde. Unter den „frivolen" Gegenstände befanden sich „heidnische" Schriften bekannter antiker Autoren, „verdächtige" Bücher von Dante und Boccaccio,

Möbel-, Schmuck- und Kleidungsstücke, Musikinstrumente, Perücken, Spielkarten und sinnenfreudige Kunstwerke. Bereits Anfang des Jahres hatte Savonarola den Karneval von Florenz für immer verbieten lassen. Dafür kann man ihm nicht einmal einen Vorwurf machen, denn das von Lorenzo de' Medici eingeführte jährliche Fest der Maskerade war für die wüsten Exzesse enthemmter Menschen weit über die Stadtgrenzen hinaus bekannt.

Nun aber feierte man ein Fest, das den Reinigungsprozess und die sittliche Erneuerung der Stadt für alle sichtbar machte. Die Kinderarmee hatte auf der Piazza della Signoria einen riesigen Scheiterhaufen aufgerichtet und am 7. Februar 1497 wurde im „Fegefeuer der Eitelkeiten" alles verbrannt, was die Heranwachsenden gewaltsam zusammengetragen oder die verängstigten Bürger freiwillig abgeliefert hatten. Ob Sandro Botticelli tatsächlich einige seiner Werke ins Feuer warf, ist bis heute umstritten. Auch über den Wert der Gegenstände kursieren unterschiedliche Versionen, die ein Spektrum umfassen, das vom nutzlosen Plunder bis zu unersetzlichen Schätzen reicht. Bei der Bewertung sollte auch nicht vergessen werden, dass der Scheiterhaufen Savonarolas, der nur ein Jahr später am 17. Februar 1498 eine Wiederholung erfuhr, kein einmaliges Ereignis war. Ähnliche Aktionen wurden vereinzelt auch in anderen europäischen Städten durchgeführt.

Eine Stadt verlernt das Lachen

In Florenz brannte sich das Feuer als Fanal einer neuen Zeit aber tief in die Seelen der Menschen ein und der Reinigungsprozess schien sich weiter zu beschleunigen. Die Florentiner hatten das Lachen endgültig verlernt. Die Kinderscharen betätigten sich als Hüter der Moral, bunte Stoffe waren gänzlich verpönt, Schminke ein Sakrileg, Tavernen wurden geschlossen und jede falsche Äußerung konnte als Gotteslästerung mit schwerwiegenden Folgen ausgelegt werden. In einer Atmosphäre des Zwangs herrschte eine düstere Stimmung und der Prediger war seinem Ziel, aus Florenz ein zweites Jerusalem mit ihm als göttlichen Botschafter zu machen, wieder ein Stück näher gekommen.

Der Papst droht mit dem Kirchenbann

Wie schnell das Pendel der Gunst jedoch in diese oder jene Richtung ausschlagen konnte, unterstreicht die Neuwahl der Signoria Mitte Februar 1497, also nur wenige Tage, nachdem man die „Eitelkeiten" den Flammen übereignet hatte. Nun stand die Mehrheit der Mitglieder nicht mehr auf Savonarolas Seite und nach langer Zeit wurden wieder Rufe nach den Medici laut. Anfang März hatte der Papst ein weiteres Breve an die Domherren von Santa Maria del Fiore und die Signoria geschickt, in dem er ultimativ aufforderte, Savonarola das Predigen zu verbieten, ihn nach Rom zu schicken oder ihn so lange in Gewahrsam zu nehmen, bis er den Papst demütig um die Absolution bitte. Im Weigerungsfalle belege er die Stadt mit dem Kirchenbann. Zudem drängten Rom und Mailand mit immer größerem Nachdruck, Florenz solle endlich der „Heiligen Liga von Venedig" beitreten, was der Prediger bisher jedoch zu vermeiden suchte. Einen herben Rückschlag erlitt Savonarola zudem am 25. März, als die alarmierende Nachricht eintraf, Karl VIII. verzichte darauf, die ihm treu gebliebenen Städte weiter zu unterstützen.

Nun begannen mutiger werdende Adlige, Girolamo und seine Lehren zu verspotten. Anders denkende Prediger hatten seine prophetische Berufung schon länger in Frage gestellt. Der Dominikaner ließ sich jedoch nicht beeindrucken und wollte die richtige Antwort von der Kanzel geben. Wegen einer in Florenz grassierenden Pestepidemie hatte die Signoria jedoch ein allgemeines Predigtverbot erlassen. Möglicherweise war die Pest aber nur ein willkommener Vorwand und das Verbot erfolgte in Wirklichkeit aus Furcht vor Sanktionen des Papstes, denn die von Rom ausgesandten Signale wurden immer bedrohlicher. Demzufolge nahmen die Positionskämpfe in Florenz an Schärfe zu, aber noch konnten sich Savonarolas Gegner weder auf der Straße noch in den politischen Gremien entscheidend durchsetzen.

Blutige Warnung zu nächtlicher Stunde

Im Mai ging dem Prediger dann eine Warnung der besonders abscheulichen Art zu. Um eine für den Tag darauf im Dom angekündigte Predigt zu verhindern, hievten Schergen in der Nacht zuvor den Kadaver eines toten Esels auf die Kanzel und besudelten den heiligen Ort mit Exkrementen. Doch auch diese schändliche Tat hielt Girolamo nicht auf. Nach erfolgter Reinigung hielt er seine Predigt, musste aber zähneknirschend zur Kenntnis nehmen, dass sich mehrere Bürger in ihren schönsten Gewändern und übertrieben parfümiert unter die Zuhörer gemischt hatten. Ein Affront, der bis vor kurzem noch undenkbar schien. Weitere Störungen während des Gottesdienstes ließen erahnen, dass die

Zeit der Konfrontation angebrochen war. So mussten Savonarolas Beschützer mehrere Gottesdienstbesucher gewaltsam daran hindern, zum Prediger auf der Kanzel vorzudringen.

Fehlgeschlagene Anschläge

Während die Signoria am 6. Mai 1497 ein weiteres allgemeines Predigtverbot erließ, fühlte sich der Prediger zunehmend bedroht und ließ sich von einer aufgestockten Garde schützen. Wie gut er daran tat, beweist ein Mordanschlag, der an Christi Himmelfahrt auf ihn verübt wurde. Der Überfall scheiterte jedoch ebenso wie andere Attentate. Nach *Landucci* wollte man Fra Girolamo bereits im Jahre 1495 „eins versetzen". Wer hinter den Anschlägen steckte, lässt sich nur vermuten. Zum Kreis der Aufträge erteilenden oder ausführenden Verdächtigen wird auch Cesare Borgia gezählt, der in Sachen Intrigen und Auftragsmorde kein Unbekannter war und zuvor bereits mehrere beim Vater in Ungnade gefallene Zeitgenossen auf „unkonventionelle" Weise aus dem Weg geräumt hatte. Der Prediger aber schien tatsächlich unter dem Schutz Gottes zu stehen.

Ausgrenzung durch Exkommunikation

Nachdem Savonarola entgegen allen Aufforderungen und Warnungen Rom fernblieb und auch nicht zu einer geistigen Umkehr zu bewegen war, griff der Papst zum schärfsten Mittel. Nach mehrmaliger Abmahnung exkommunizierte er den Prediger im Mai 1497 als Häretiker, Schismatiker und Verächter des Heiligen Stuhls. Für Florenz war der Bann mit der unmissverständlichen Aufforderung verbunden, sich vom „so genannten Vikar von San Marco und Verbreiter gefährlicher Dogmen" fern zu halten. Bei Zuwiderhandlung drohe der gesamten florentinischen Republik der Bann. Diese Ankündigung war ein profanes, aber sehr wirksames Mittel, Gehorsam zu erzwingen. Denn der Bann war gleichbedeutend mit dem völligen Ausschluss aus der Gesellschaft. Die Einwohner von Florenz mussten sich vom Prediger fern halten, sie durften nicht mehr auf ihn hören, ihm keinen Unterhalt zahlen und keine sonstigen Hilfen gewähren. Ähnliches drohte nun der ganzen Stadt. Was folgte, war nur aus der Zeit heraus zu verstehendes lähmendes Entsetzen. Die Anhängerschaft Savonarolas schrumpfte zusehends. Immer weniger Gläubige wollten seine Predigten hören. Am Ende versagte man ihm Unterstützung und Gefolgschaft. Die Franziskaner opponierten weiter gegen ihn und mit dem Scheitern Karls VIII. in Neapel war auch dieser Rückhalt verloren gegangen. Die zur eigenen Verteidigung gehaltenen Reden und verfassten Schreiben verpufften nun wirkungslos.

Letzte Schonfrist

Wie schon angedeutet, hing das Wohl und Wehe Savonarolas in Florenz immer stärker von der Zusammensetzung der einflussreichen Gremien ab. Noch einmal erhielt er eine Schonfrist, denn sowohl die im September 1497 gewählte Signoria als auch die unmittelbar nachfolgenden Signorien hielten weiter zu ihm. Trotz der Exkommunikation des Predigers und zum Erstaunen vieler Zeitgenossen begab sich die Signoria Anfang Januar 1498 wie in den Jahren zuvor nach San Marco, um nach altem Brauch ein Opfer darzubringen. Auch innerhalb von San Marco schien die Stellung Girolamos relativ stabil zu sein. In einem Brief an den Papst schworen 250 Mönche, Savonarola sei weder häretisch noch aufrührerisch und seine Lehren nicht verwerflich. Des Weiteren erklärten sich über 300 Bürger in einer Petition mit dem Prediger solidarisch.

Neuwahlen läuten das Ende ein

Doch als Girolamo am 11. Februar 1498 trotz der Exkommunikation wieder auf die Domkanzel von Santa Maria del Fiore stieg, hatte seine

Zuhörerschaft sichtbar abgenommen. Ein Trend, der sich von nun an kontinuierlich fortsetzte, denn gegen eine päpstliche Order zu verstoßen, schien vielen doch zu riskant. Bei einem zweiten Scheiterhaufen der Eitelkeiten am 17. Februar 1498 wurde der beginnende Abfall vom Prediger ebenfalls deutlich. Die Zeremonie lief nicht mehr ungestört ab. Savonarolas Gegner warfen mit Tierkadavern und in das Te Deum seiner Anhänger mischten sich lautstark geäußerte Obszönitäten seiner Widersacher. Als eigentliches Verhängnis ist jedoch festzuhalten, dass am gleichen Tag eine neue Signoria gewählt wurde, deren Mitglieder nicht mehr mehrheitlich hinter ihm standen, Girolamo teilweise sogar feindlich gesinnt waren. Tendenziell sollte sich diese Entwicklung fortsetzten. Kein gutes Zeichen für Savonarola, der aber unverdrossen den Sieg der Seinen über die Kräfte des Bösen prophezeite.

Auch der Papst zog die Daumenschrauben weiter an. Am 25. Februar 1498 wiederholte er seine Warnung und drohte dem Magistrat der Stadt an, Florenz mit dem Interdikt zu belegen, sollte Savonarola weiter predigen und das Bündnis mit Frankreich nicht aufgekündigt werden.

Zudem fordert er die Signoria nochmals auf, der Liga beizutreten und „das verfaulte Glied am Leib der Kirche" nach Rom zu überstellen oder in Florenz einzusperren.

Sein Ende wohl ahnend, erklärte Savonarola am 17. März während einer Predigt im Konvent von San Marco, er fürchte keine Verfolgung und strebe den Tod am Kreuz an. Einen Tag später gab er seinen generellen Verzicht auf das Predigen bekannt. Fortan wollte er sich nur noch dem Gebet hingeben, ließ er wissen. Ein letzter Versuch, die wichtigsten katholischen Mächte Europas – darunter Kaiser Maximilian von Österreich – für ein Konzil zur Absetzung des Papstes zu gewinnen, scheiterte und das Schicksal nahm seinen Lauf.

Gottesurteil besiegelt Schicksal

Das endgültige Aus kam mit einem von den Franziskanern initiierten Gottesurteil. Am 25. März 1498 erklärte sich der Franziskanermönch

Francesco di Puglia zu einer Feuerprobe bereit, bei der er sich mit jedem messen wollte, der die Gültigkeit von Savonarolas Exkommunikation in Zweifel ziehe. Der Savonarola stets getreue Dominikaner Fra Domenico da Pescia nahm die Herausforderung an. Daraufhin erklärte der Franziskaner jedoch, er wolle nur mit Savonarola ins Feuer steigen. Damit wurde deutlich, dass es dem Franziskanerorden in erster Linie um die persönliche Vernichtung des verhassten Predigers ging und die Suche nach der Wahrheit offenbar nur eine untergeordnete Rolle spielte. Girolamo, der die Feuerprobe gar nicht wollte, lehnte das Ansinnen mit dem Hinweis ab, seine Sache sei gerecht und er benötige keine Wunder. Zudem sei es eines Propheten unwürdig, sich mit einem einfachen Mönch zu messen. Die Solidarität innerhalb des Konvents von San Marco war scheinbar noch intakt, denn in den nächsten Tagen erklärten etwa 300 Brüder ihre Bereitschaft, sich anstelle ihres Priors der Feuerprobe zu unterziehen.

Am 6. April bestimmte die Signoria den Dominikaner Fra Domenico da Pescia für San Marco und den Franziskaner Fra Guiliano de' Rondinelli für Santa Croce als Teilnehmer am Gottesurteil. Als Beweis für die Gültigkeit oder Unrechtmäßigkeit des Kirchenbannes galt es nun, unversehrt über einen 30 Meter langen, mit Öl, Branntwein und allerlei Harzen getränkten Scheiterhaufen zu laufen. Am nächsten Tag war es soweit. Eine riesige Menschenmenge, darunter zahlreiche Parteigänger beider Seiten, hatte sich auf der Piazza della Signoria versammelt, um das feurige Schauspiel zu verfolgen. Das Taktieren mittels Interessen gesteuerter Spitzfindigkeiten setzte sich jedoch auch am Tag der Entscheidung fort. Vor allem die Franziskaner schienen das Vorhaben nicht mehr mit letzter Konsequenz zu verfolgen. Möglicherweise hatte sie der Mut verlassen oder sie befürchteten einen Ausgang, der nicht in ihrem Sinne war. Fakt ist, dass sie den Beginn der Feuerprobe mit immer neuen Forderungen verzögerten. So unterstellten sie Fra Domenico, einen Zauber mit sich zu führen und forderten ihn auf, alle Kleidungsstücke mit Ausnahme der Unterkleider abzulegen. Auf Betreiben der Franziskaner musste Fra Domenico auch ein mitgeführtes Kruzifix abgeben. Das ständige Hin und Her zog sich so lange hin, bis am Abend ein Gewitter aufzog und das große Spektakel in einem profanen Wasserguss endete.

Der Regen löschte die Flammen, der Gang durch das Feuer fand nicht statt. Das Gottesurteil kam nicht zustande. Ein Wunder als Beweis für Savonarolas Lebensphilosophie, für den Wahrheitsgehalt seiner Lehren war ausgeblieben. Es hätte eine Bestätigung für sein ganzes Denken und Handeln sein können. Zudem hätte es seinem schwer angekratzten Image neuen Glanz verliehen. Nachdem zu anderen Gelegenheiten angekündigte Wunder ebenfalls im Nichts endeten, entschied der 7. April 1498 wohl endgültig über Leben und Tod des Mönches. Mit der Annahme der ungeliebten Herausforderung hatte Savonarola viel gewagt und alles verloren. Er selbst fühlte sich von Gott verlassen und viele seiner tiefgläubigen Anhänger waren entsetzt, dass Gott kein Zeichen zu seinen Gunsten gesetzt hatte. Nachdem der Regen den Mythos des Propheten hinweg geschwemmt hatte, reagierten seine Feinde schnell und gnadenlos. Bereits am nächsten Tag setzte die Stadt auf seine Ergreifung eine Prämie von 2000 Goldstücken aus.

„Geständnis" unter der Folter

Hass und pure Mordlust auf der einen, Angst, Zorn und Resignation auf der anderen Seite kennzeichneten nun die Szene. Die Stadt befand sich im Aufruhr, der aufgestachelte Mob wandte sich vom Prediger ab und der Gewalt zu. Wer jetzt noch die Kühnheit besaß, sich öffentlich zu Savonarola zu bekennen, musste um sein Leben fürchten.

Die angestauten Emotionen brachen sich gewaltsam Bahn und das Verhängnis nahm seinen Lauf. Schon erscholl beim mordgierigen Pöbel der Ruf „Auf nach San Marco, San Marco soll brennen!" Eines der ersten Opfer war Francesco Valorie, der zwar San Marco verlassen konnte, kurz darauf aber auf offener Straße erkannt und getötet wurde. Bei der Plünderung seines Hauses wurde seine Frau ebenfalls tödlich verwundet.

Beim Sturm auf das Kloster gab es mehrere Tote und viele Verletzte. Die Insassen wehrten sich jedoch heftig und behielten zunächst die Oberhand. Um weitere Gewalttaten zu unterbinden, stellte die Signoria den Konvent unter ihren Schutz. Für Savonarola aber blieb die Situation aussichtslos. Am 9. April 1498 wurde er auf Veranlassung der Stadtregierung gemeinsam mit Fra Domenico verhaftet. Stunden später wurde mit Fra Silvester ein weiterer ihm treu ergebener Weggefährte inhaftiert. Was Savonarola bei der späteren Hinrichtung erwarten sollte, davon bekam er auf dem Weg von San Marco in den Palazzo della Signoria einen bitteren Vorgeschmack. Eskortiert und wie Schwerverbrecher in Eisen gelegt, wurden die Gefangenen beschimpft, bespuckt, getreten und geschlagen. *Landucci* beschreibt den Zustand sehr plakativ mit den Worten: „Es schien, als habe sich die Hölle geöffnet".

Inzwischen hatte die Signoria dafür gesorgt, dass auch die letzten Anhänger Savonarolas aus den wichtigen Institutionen entfernt und durch Andersdenkende ersetzt wurden. Die Zielrichtung war klar. Man wollte den Prediger und seine Parteigänger unbedingt loswerden und dafür war jedes Mittel recht. Einem Verfahren mit dem angestrebten Ausgang stand nun nichts mehr im Wege. Noch am 9. April begann im Verließ der Signoria unter Anwendung der damals üblichen Foltermethoden das Verhör der weltlichen Richter, bei dem Savonarola mittels Folterstrick ein Arm ausgekugelt wurde. Der Mann, der von seinen Mitmenschen Opferbereitschaft eingefordert hatte, war nun selbst zum Opfer geworden.

Nach der Überführung in den Bargello gab man ihm erneut den Folterstrick. Mit einer relativ schwachen physischen Konstitution ausgestattet, war er schon bald am Ende seiner Kraft und gestand alles, was seine Peiniger von ihm hören wollten. Nach *Landuccis* Tagebuch-Aufzeichnungen soll er gefleht haben: „Lasst ab, so will ich euch mein ganzes Leben aufschreiben". Savonarolas Flehen kann ihm kaum als Schwäche angekreidet werden, denn allein der geistliche Richter im Amt eines Bevollmächtigten des Papstes hatte ihn nach *Landucci* vierzehnmal am Folterstrick hochziehen und herabstürzen lassen. Welchen

Wahrheitsgehalt die unter der Folter erpressten Geständnisse tatsächlich hatten, mag der geneigte Leser selbst entscheiden. Zeitzeuge *Landucci* war dabei, als im Großen Rat ein Verhörprotokoll verlesen wurde, in dem Savonarola genau das Gegenteil von dem bekannte, für was er bisher stand, was er behauptet und gelehrt hatte. Nicht von der Hand zu weisen ist ferner der in zahlreichen Veröffentlichungen geäußerte Verdacht, dass die Protokolle inhaltlich manipuliert wurden, damit sie im Endergebnis den Vorstellungen der Ankläger entsprachen.

Naturschauspiel als Synonym der sich abzeichnenden „Götterdämmerung". Foto: Nikolaus Meyer

Die Aussagen des Mannes, der die christlichen Glaubensvorstellungen extrem eng auslegte, Abweichungen und Missbräuche geißelte und dabei oft über das Ziel hinaus schoss, ließen ihn nun als krankhaft ehrgeizigen Schwindler und Hochstapler erscheinen. Savonarola wurde sicherlich von einem krankhaft zu nennenden Sendungsbewusstsein getrieben, aber ein Schwindler oder Hochstapler war er nie und nimmer.

Entwürdigende Hinrichtung

Am Vormittag des 23. Mai 1498 wurde der einstige Prior von San Marco mit den ihm treu ergebenen Ordensbrüdern Fra Domenico und Fra Silvester zum Galgen auf der Piazza della Signoria geführt. Kopf und Hände hatte man ihnen rasiert. Da nichts mehr an den autoritären Prediger erinnern sollte, der die Menschen mit seinen Prophezeiungen in Angst und Schrecken versetzt hatte, verweigerte man Girolamo auf seinem letzten Gang das Tragen des Mönchsgewandes. Seiner letzten Würde beraubt, wurde Savonarola vor einer riesigen, emotional aufgeheizten Menschenmenge wie ein gewöhnlicher Mörder gehängt. Das gleiche Schicksal erlitten seine Gefährten. Neben dem Bevollmächtigten des Papstes und dem General des Dominikanerordens verfolgten politische Mandatsträger, Domherren, Priester, Klosterbrüder verschiedener Orden und ein Bischof die grausame Zeremonie. Da absolut nichts an den „abtrünnigen" Kirchenmann und seine Mitstreiter erinnern sollte, wurden die Gehängten anschließend verbrannt. An dem Ort, an dem seine Anhänger zweimal „viel Teufelszeug" verbrannt hatten, fand der Bußprediger nun selbst auf dem Scheiterhaufen ein schreckliches Ende.

Ursprünglich hatte man sogar geplant, Savonarola bei lebendigem Leibe im Feuer schmoren zu lassen. Darauf hat man dann doch verzichtet. Auch ohne diesen Gnadenakt war das „Schauspiel" von einer erschütternden Grausamkeit. Nach *Landucci* zeigten die Flammen schon bald ihre verheerende Wirkung, denn wenige Stunden nach der Urteilsvollstreckung fielen die äußeren Gliedmaßen vom Rumpf der Gehängten ab. Damit nicht genug, bewarf der Mob die verbrennenden Körper mit Steinen. Dabei zielte man vor allem auf Savonarola, dessen Innereien zu Tage traten, bevor die Flammen den Körper endgültig aufzehrten. Das Feuer wurde so lange geschürt, bis von den Delinquenten nur noch nur ein Häufchen Asche übrig war.

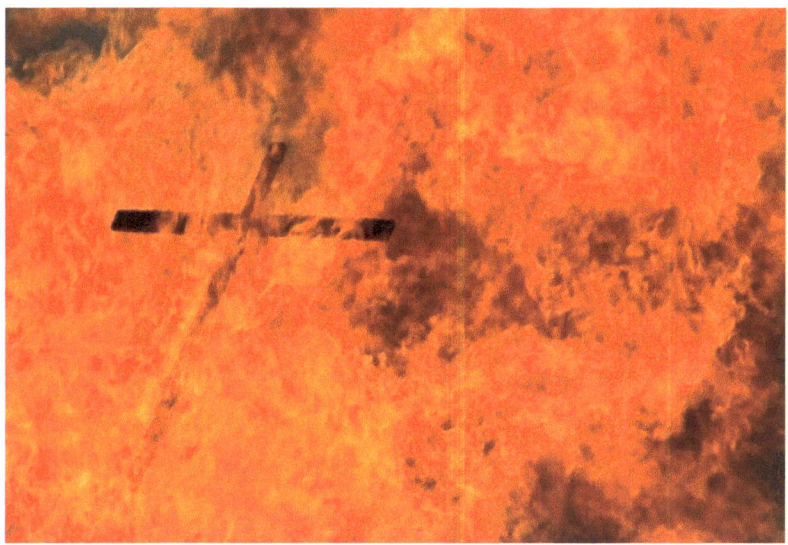

„Im Zeichen des Kreuzes" zu Asche verbrannt.
Foto: Depositphotos.com

Selbst damit gaben sich Savonarolas Widersacher nicht zufrieden. Sie ließen die Asche einsammeln und im Arno verstreuen. Ganz konnten die Spuren des Predigers, der de facto vier Jahre lang über Florenz herrschte, jedoch nicht getilgt werden.

Obwohl der Bevollmächtigte des Papstes die Bevölkerung aufforderte, alle Schriften Savonarolas zur Verbrennung abzuliefern, blieb ein Teil seines umfangreichen Schriftgutes ebenso erhalten wie die Erinnerung an den von Utopien getriebenen Prediger. Seine Zelle im Kloster San Marco befindet sich bis heute in einem nahezu unveränderten Zustand. Im Kloster werden auch der Rosenkranz des einstigen Priors und ein Stück Holz aufbewahrt, das angeblich von dem Baumstamm herrührt, an dem Girolamo Savonarola gehängt wurde. Auf der Piazza della Signoria erinnert eine bronzene Bodenplatte an das schaurige Ereignis jener Tage.

Rosenkranz Savonarola. Ausgestellt im Kloster San Marco, fotografiert mit Genehmigung der Klosterleitung.
Foto: Nikolaus Meyer

Florenz: Zentrum für Aufstieg und Fall Girolamo Savonarolas.
Foto: Nikolaus Meyer

Fünf Jahre nach dem Bußprediger verschied in Rom mit Papst Alexander VI. sein schärfster Widersacher. Vermutlich starb auch er keinen natürlichen Tod. Bis heute halten sich Gerüchte, der Stellvertreter Petri sei vergiftet worden – oder er habe irrtümlich einen Gifttrunk zu sich genommen, den er einem anderen zugedacht hatte. Auch ihm weinten nur wenige Zeitgenossen eine Träne hinterher. Wie bei Savonarola wollte man die Erinnerung an den despotischen Kirchenmann offenbar völlig auslöschen, denn das Familienwappen der Borgia wurde überall im Vatikan abgeschlagen. Ein weiterer Beweis dafür, wie vergänglich Macht sein kann.

Schicksal in Versen
Girolamo Savonarola

Dominikanermönch und Bußprediger!
Ketzer oder Prophet?
Urheber eines kirchlich-politischen Reformversuches im Geiste
alttestamentlicher Propheten.

Foto: Depositphotos.com

Der Mönch Savonarola hieß,
den Papst er vor den Kopf einst stieß.
Er wollte mehr als nur probieren
und begann zu rebellieren,
um Glaubenstiefe zu erhalten,
die Kirche rundum neu gestalten.

In Ferrara einst geboren,
als Sohn jedoch schon bald verloren.
Das Studium der Medizin
warf er vor Vollendung hin,
um sich als Mönchlein zu verdingen
und Seelenheil der Menschheit bringen.
Im Glauben tief bereits gefangen,
noch musste deshalb niemand bangen.
Obwohl noch jungfräulich an Jahren,

wie man bald schon hat erfahren,
entschied er konsequent sehr früh
und offensichtlich ohne Müh.

„Die Welt ist verderbt,
der Glaube enterbt,
Gottes Diener will ich sein
und trete in ein Kloster ein!"

Gesagt, getan, zügig vollendet
hat sich sein Leben schnell gewendet.
Das Streben nach dem Ideal
war im Ergebnis sehr fatal.

In den Annalen steht geschrieben
den Teufel hat er ausgetrieben.
Man hört ihn in San Marco schreien,
den Mönch beim körperlich kasteien.

Mit der Peitsche bleibeschwert,
so geißelt er sich sinnbetört,
auf das der Herr ihn bald erhört.
So weit, so gut, wär's das gewesen,
wär er von Sünden wohl genesen.

Doch in Askese zu bereuen,
sollten andre auch nicht scheuen.
Er predigt ohne Unterlass
und fasst in Worte seinen Hass.
Von der Kanzel floss im Eifer
im Namen Gottes purer Geifer.
„Der Teufel wird nicht Ruhe geben,
wenn ihr nicht ändert euer Leben!"

„Statt aus dem Kelch der Unzucht trinken,
in Demut solltet ihr versinken!".
Verdammnis über Euch in Bälde",

zog gegen Prunk er kühn zu Felde.
Als Kämpfer für den einen Herrn
bot selbst dem Papsttum er die Stirn.
Er geißelt und das allerorten,
den Papst persönlich selbst mit Worten.
Fanatisch predigt er konträr,
der Mönch mutiert zum Visionär.

„Wer sich auf Prunk hat eingeschworen
dessen Seele ist verloren,
sagt ihr nicht ab und bleibt verrucht,
seid ihr des Teufels und verflucht,
denn solche Sünden kommen teuer
und brennen heiß im Fegefeuer!"

Wie bei dem der Eitelkeiten,
hoch aufgeschichtet an den Seiten.
Kinderhorden – welch ein Schrecken,
verdingten sich als Gottes Recken.
Zu hunderten wie man wohl fand
unschuldig nur ihr weiß' Gewand.
Die Brandrufe man weithin hört,
was die Menschen sehr verstört.

„Wagt es nicht Euch zu verlaufen
werft alles auf den Scheiterhaufen!
Verbrennt bei der Gelegenheit
im Feuer alle Eitelkeit!"

Bald brannten nicht nur Tand und Trödel,
auch „falsche" Bücher, Schmuck und Möbel.
Selbst teuerste Kosmetika
sah man haufenweise da.

Die Damenwelt – sie musste darben,
es brannten all die bunten Farben.

Schöne Stoffe, Puderquasten,
zu Asche all die teuren Pasten.
Schätze – es war ungeheuer,
verglühten in dem Fegefeuer,
der Eitelkeiten so genannt,
ist Unschätzbares dort verbrannt.
Auch Botticelli, weil er musste,
weinte um Kunstwerk-Brand-Verluste.

Die Flammen loderten empor
mehr als ein paar Meter hoch.
Für manche war's zum Haare raufen
was dort verglüht im Scheiterhaufen.
Es sei einmal dahin gestellt
was damals sie verlor, die Welt.

Voll Düsternis die Stimmung war,
die fortan Düsteres gebar.

„Er" geißelte auch Hurerei
und alles was da Laster sei.
Da selbst an Mädchen und an Knaben
sich Verruchte lustvoll laben,
was gegen jeden Christenrat
man in Florenz gern heimlich tat.

Selbst die Schönen dieser Stadt
die die Stadt so reichlich hat,
wohl geformt oft von Gestalt,
und fantasievoll angemalt,
prächtig schick herausgeputzt,
was der Eitelkeit sehr nutzt.

Auch mit eig'nen Frauenreizen
wollte keine wirklich geizen.
Nackter Busen gern bewundert,

in jener Zeit oftmals im hundert,
war diese Mode nun verpönt,
wurd' von der Kanzel aus verhöhnt.

Selbst so manches Trinkgelage
stellt der Mönch konkret in Frage.

Auch waren ihm nicht einerlei
jede Art der Völlerei.

Selbst lachen – heimlich – ist verpönt,
wurd' hasserfüllt lauthals getönt.
Er geißelte in seiner Welt
der Reichen Wohlstand, Gold und Geld.

Bereits ein Wort mal unbedacht
hat des Mönches Zorn entfacht.
In den Straßen, in den Gassen,
Prunk und Protz – sie mussten passen.

Ob Musik oder bunte Kleider,
ob Gönner, Künstler, Hungerleider,
ob alter Adel, Tagediebe,
erbarmungslos verbal die Hiebe –
auf Edelmänner, Lumpenpack,
alle in den Glaubenssack.

Die Stimmung angstvoll und bedrückt,
was nur den Prediger entzückt.
Fernab vom realen Denken
und nicht bereit mal einzulenken,
agiert er auf der falschen Seite,
das Kontra kam in voller Breite.

Dass so viel Angst er hat entfacht
und den Papst dazu verlacht,
erwies sich nun als Bumerang,

geflochten bald zu einem Strang.
Am Anfang stand das Interdikt,
was den Mönch noch nicht erschrickt.

Dem Papst dem wurd' es dann zu viel,
er machte massenhaft mobil.

**„Mönchlein, Mönchlein, du sollst sterben,
so werd' ich bei den Menschen werben.
Sie sollen ab sich von dir wenden
nicht tragen mehr auf Glaubenshänden!"**

Schon kroch der Reichen Hass hervor,
stieg aus Palästen steil empor.
Auch Arme das sei zu erwähnen
bleckten gierig mit den Zähnen,
wollten seiner habhaft werden,
zum Teufel schicken ihn auf Erden.

Ein Gottesurteil letzte Schande,
kam durch Regen nicht zustande.
Das Hass-Fass übervoll lief aus,
man machte ihm schon bald Garaus.

Das Glück von Luther er nicht hatte,
beschimpft nur noch als Glaubensratte.
Viel schneller als ein Steinchen fällt,
hat man den Henkersmann bestellt.

Gefoltert ihn am Folterseile,
wo man ihn aufzog ohne Eile
und ihm – derart aufgehängt,
die Glieder gnadenlos verrenkt.

Der Pöbel außer Rand und Band
als endlich er sein Ende fand.
Aufgehängt am Galgenstrick
brach erst die Stimme, dann das Genick.

Was danach kam war auch nicht gut,
er schmorte in der Höllenglut.
So hat das Volk es sich erdacht,
den Scheiterhaufen gern entfacht.
Die Feuersbrunst war ungeheuer,
viel schlimmer als ein Fegefeuer.
Man sieht die Gaffer johlend laufen
rundum um den Scheiterhaufen.
Die Leich' als solch' nicht mehr erkannt,
zur Asche ist total verbrannt,
um sie zuletzt – ohne zu reuen,
in den Arno einzustreuen.

So wie er aufging einst sein Stern,
das Volk ihm glauben wollte gern,
so ist – von Papst und Volk gebannt,
im Wahnsinn schließlich er verbrannt.

Zuerst am Halse aufgehängt,
den Rest im Flussbett dann versenkt,
ist nicht mal Staub von ihm geblieben
als hinschied er und ging vonnieden.
Die letzte Spur war nun verwischt,
drum endet hier auch das Gedicht.

Literaturhinweise

Diese Broschüre ist das Ergebnis jahrzehntelanger Beschäftigung mit dem Thema Renaissance. Die Anhäufung von Erinnerungen durch mehrere Reisen und das Studium zahlreicher Publikationen mündete in einer umfangreichen Notizensammlung. Maßgeblichen Einfluss auf das hier Niedergeschriebene hatten die nachfolgend aufgeführten Werke, die stellvertretend für viele andere literarische Druckerzeugnisse stehen. Wörtliche Zitate entstammen ausschließlich dem Florentinischen Tagebuch „Luca Landucci".

Luca Landucci – Florentinisches Tagebuch 1450 bis 1516. Nebst einer anonymen Fortsetzung 1516 bis 1542. Neuausgabe 1978. Eugen Diederichs Verlag Köln, Düsseldorf. Übersetzt, eingeleitet und erklärt von Marie Herzfeld.

Pierre Antonetti, „Savonarola – Ketzer oder Prophet?. Eine Biographie", 1992, Benziger Verlag Zürich.

Biographisch-Bibliographisches Kirchenlexikon. Band VIII (1994) Spalten 1461 – 1472. Savonarola Hieronymus (1452-1498). Autor Raimund Lachner. Verlag Traugott Bautz.

Ilan Rachum, Enzyklopädie der Renaissance. Edition Atlantis, Lizenzausgabe für Atlantis Verlag Zürich.

Durant: Kulturgeschichte der Menschheit / 1985 / Sonderausgabe der Naumann & Göbel Verlagsgesellschaft Köln. Band 7 (Das hohe Mittelalter und die Frührenaissance). Band 8 (Glanz und Zerfall der italienischen Renaissance).

Fotonachweise

Einband: Wolf Spitzer
Zum Autor: Stephan Meyer
Seiten 5, 8, 17, 19, 20, 29, 49, 52,53: Nikolaus Meyer
Seiten 11, 15, 19, 21, 22, 36, 51, 54: Depositphotos.com
Seite 37: Andreas Praefcke (Gemeinfreie Lizenz „Public Domain Mark 1.0)